O GATO AMARELO

alef augusto

PREFÁCIO

Mudei o título desse livro algumas vezes. Esse prefácio também. Nem acredito que estou escrevendo um prefácio inclusive, nunca gostei de prefácio, acho chato, mas acho que é a única maneira de me comunicar diretamente com quem está lendo e preparar para o que vem pela frente. Esse é o meu primeiro livro do qual eu realmente dediquei tempo pra escrever, organizar e lançar. Ele nasceu no dia do bendito portal de 02-02-2020, mas os poemas existem, em sua maioria, desde setembro passado, quando decidi sair do meu último emprego na cidade e vir, sei lá, viver. Peguei bem o período de chuvas em São Jorge, que mesmo não tendo sido intenso até agora, tem me trazido muitas reflexões e situações diversas de quem se enfiou numa vila pequena, na entrada de um parque nacional. Adoraria dizer que foi com muito amor que esse livro nasceu, mas eu decidi fazer ele de ódio mesmo. Estava cansado, cansado de portais, cansado de pessoas apaixonadas, cansado de exploração, reclamações, cansado do gato amarelo. Escrever sempre foi uma terapia pra mim e acho que já tá mais no que na hora de levar terapia a sério. Ao finalizar, agradecer, com a cabeça um pouco mais fresca, consegui entender melhor esse gatilho chamado gato amarelo, motivo dos meus pesadelos e dias cansados. Como damos importância a coisas específicas pra trazer pra nossa realidade aquilo que precisamos, não é mesmo? Esse livro representa isso.

AGRADECIMENTOS

Nunca fui muito fã de formalidades de livro. Sempre fui o meio sem foco que pula essas partes ou desiste de ler um livro porque se perdeu no prefácio chato demais. Também nem tenho muito a agradecer pra esse livro em específico, pois estou publicando ele online. Por que eu decidi me dedicar aos agradecimentos então? Porque acho necessário agradecer. Em um dos meus textos eu debato comigo mesmo sobre isso, da falta de agradecer. Acho que focamos tanto no que está ruim, que esquecemos de olhar para o que está bom. Agradecer faz parte de olhar para o belo em nossas vidas e se sentir bem por isso. Eu gostaria de iniciar meus agradecimentos então. Primeiro a você, leitor corajoso que ganhou de presente esse arquivo ou comprou na internet. Obrigado por dedicar parte do seu tempo pra algo que eu escrevi. Gostaria de agradecer a Ivene também, pela recepção e cuidados na sua linda e maravilhosa pousada em São Jorge, na Chapada dos Veadeiros. Os dias tem sido difíceis, mas cada centímetro dessa pousada faz com que eu me sinta feliz por respirar arte, cores e natureza. Sou grato pela Celine, minha gata, que tolera todas minhas mudanças de humor e acompanha, atenta, minhas conversas comigo mesmo. Ela que nem é de brigar se juntou a mim na luta contra o gato amarelo e botou ele pra correr, por vezes. Aos meus guias espirituais, pela paciência principalmente. Aos seres humanos especiais que ao longo dos últimos anos me inspiraram a escrever as histórias mais doidas e lindas. E por último, mas não mesmo importante, a mim mesmo por ter tido disciplina uma vez na vida e

feito um livro do começo ao fim. Obrigado.

caí na história de falar sozinho

não consigo me lembrar de quando
ou onde que isso começou
talvez esteve sempre comigo
talvez desenvolvi na escola
onde não tinha muita simpatia pelas pessoas
(talvez não tenha muita simpatia pelas pessoas até hoje)
talvez por isso ainda tenha esse hábito?
droga, to fazendo de novo
vamos recomeçar.

não consigo me lembrar desde quando
mas tenho essa de falar sozinho
de contar pra mim mesmo as coisas
de argumentar e comentar meus atos
"péssima essa atitude sr. alef augusto"
"sim, detestei, mas foda-se você" – respondo eu mesmo.

queria saber onde que começou
talvez por ser o filho mais velho
ou por ser virginiano com capricórnio
não sei, mas conversamos muito
amos mesmo, eu e eu
às vezes vira debate, mesa redonda
jessiquinha entra pra jogo, vira uma palhaçada.

certa vez um chefe meu me viu gargalhando no canto do bar:
"tá conversando com jessiquinha mano alef?"
fiquei pasmo, era exatamente isso
mas não consegui parar de rir porque a história era realmente
muito engraçada
qual era a história?
não lembro cara, não me pressiona.

caí nessa de falar sozinho

e isso tem me rendido textos
e os textos tão me rendendo livros
que se vai dar em algo eu não sei
mas todos os eus estão rindo tomando vinho e fumando charuto
uma mesa redonda, meia luz
gargalhadas até meio macabras, mas divertidas
bichas ricas, em algum lugar da Itália
nem gosto de charuto
e nem sei o que tem a ver uma coisa com a outra
meus outros eus nem sempre são coerentes
e assim como vem, vão.

◆ ◆ ◆

daqui a pouco eu saio... daqui a pouco

em mais um vento que bate
melancolia
achei mais uma vez
que sabia
mestre nunca fui
mas de mim mesmo
deveria saber?
meu último cordão
que me prende,
prestes a se arrebentar
se agarra na melancolia
porque chão na tristeza
e na raiva
já não dá mais pra semear
não tem raiz que prenda
nem corda que amarre
o amor que me pegou é mais forte
então, por mais uns minutos

me agarro sem saber o porquê
quietinho,
melancólico.

dois anos atrás

uma foto bonita,
loiro, sorrindo, morando nos jardins
esse é o alef de dois anos atrás
quanta coisa aconteceu
nesse meio e inteiro tempo
pra mim, pra celine,
pras pessoas ao meu redor
tem vezes que eu gosto de olhar lembranças
e pensar sobre quem eu era lá
às vezes um pouco
às vezes bastante
existe algo que eu traria de volta?
existe algo que eu levaria pra lá?
bom, por hora eu traria meus óculos
e os sorrisos bobos de um alef apaixonado
meu vr também, saudades vr.

dois dias diferentes no mesmo caderno

"calma", disse eu mesmo
não há outro lugar pra ir
além do presente
o movimento não exige pressa.

às vezes me pego pensando
se sei o que acho que sei
sobre tudo
buscando um lugar pra aterrar em paz
onde foi que eu fiquei tão frágil?
quando foi que eu cansei de jogar esse jogo
de assistir esse filme.

"o que você quer?"
me pergunta são jorge
"me deixa em paz"
respondo eu
os gritos são baixos,
não me chamam direito
será que foi meu nome que eu ouvi
ou to de palhaçada comigo mesmo?

a mosca no meu café

acho a vida engraçada
suas interações e tal
me propus a reduzir o café,
afinal não estou mais em são paulo
não preciso mais de tanta adrenalina
não tem mais compras na 25 de março
não tem mais subir e descer a estação pinheiros
o longe virou duas quadras, no máximo
tenho trocado o café pelo chá
mas gosto de escrever tomando café
hoje fiz meu cafezinho, como de costume
direto no copo porque a garrafa quebrou

quem quebrou ainda não se sabe
(mistérios)
revele-se agora se está lendo, inclusive
terminei de tomar, deixei aquele fundinho com o pó de lado
e me coloquei a escrever
uma mosca começou a rodear, sem pedir licença
(os animais aqui são um pouco abusados)
e saiu entrando.

no início eu resisti
mosca, sai daqui
mas resistir pra que
se eu não ia mais nem beber?
larguei o copo lá
e me pus a digitar
a mosca no copo entrou
e no laguinho de café nadou
esbelta, nadando cachorrinho
cansei de rimar.

quando eu achei que ela ia morrer,
ela levantou, na fé da cafeína
subiu até a borda do copo
sacudiu as asas
(nem achei que mosca podia fazer isso)
me olhou com cara de "agora sim"
e foi-se embora
mosquear.

❖ ❖ ❖

comparações

não existe caminho certo

existe o seu caminho
não existe ser humano ideal,
existe você.

◆ ◆ ◆

foto do instagram

curtido por **allegra.flac** e **outras pessoas**
alefaugust o que é o amor pra tu?
angélica.lessa Compreensão.
gomeshelk ser e estar

◆ ◆ ◆

fronteiras

e se eu quiser mais vírgulas,
mais pontos
ou sem pontos
se minha mente acelerar
e não quiser pausar?
se o idioma foi criado pra comunicar
e a minha comunicação for pra mim mesmo?
porque que preciso dos teus pontos
das suas vírgulas
dos acentos intermináveis
interminaveis?
às vezes, num gole de café
minha cabeça solta a mão da montanha russa
gira pelas cachoeiras
corre pelas pedras
tenta gritar dentro da água

(d'água, acho apóstrofo bonito)
por que me encaixar na tua língua?
why why why why
porque por que porquê por quê
callate puta
me deixa falar das dores
dem pausa sem cuspe
e três copos de café.

◆ ◆ ◆

o gato amarelo

acordei cedo de novo
um pouco irritado, um pouco assustado
o gato amarelo entra em casa de madrugada
mija, come a ração da celine
que acorda já irritada e com fome
miá miá miá miá
comida, quero comida
miá miá miá
bom dia pra você também celine.

o gato amarelo
ele veio pra roubar, matar e destruir
seus olhos são agressivos, vermelhos
se ele fosse uma onça me comia
cuspia
e mijava em cima.

a porra do gato amarelo
com suas bolinhas bonitinhas
e seu rebolado
o que te aconteceu gato amarelo

pra você ser tão cuzão assim?

vou xingar mais uma vez
porque talvez você exista
pra canalizarmos nosso ódio em um só ser
gato cuzão, filho da puta
para de comer minha comida
e de mijar nas minhas coisas
a celine não gosta de você
nem eu
nem os gatos da ivene
sai com essas bolinhas bonitinhas pra lá
otário.

◆ ◆ ◆

tem uns morcegos querendo dormir comigo mas morcego não faz conchinha só chupa

se eu dormir às 6 eu não acordo mais
melhor enrolar
ver um filme
pensar em voltar pra faculdade
desistir
fazer um reiki
uma tapioca
putz não tem recheio.

e os morcegos que ficam fazendo *quiiiiiinnnxhsisjs* no meu espaço aéreo
sem nenhum escrúpulo
cagando na minha varanda
como se dissessem:
"se bobear eu cago aí dentro"

to com sono
mas se eu dormir vou direto.

e se eu tirar umas fotos
fazer careta
brincar com luz
enrolar até umas dez
será que eu durmo no embalo?
alguém falou que eu com sono não sou gente
quiiiiiinnnxhsisjs
dançando no seu espaço aéreo.

projeções

quem me vê assim
sentado numa varanda escrevendo
talvez um maconheiro?
afinal plantas suspeitas
talvez harebô
(aprendi essa palavra aqui)
talvez muitas coisas
uma pessoa incrível ou medíocre
sonhadora ou não
ideias não finalizadas
que dançam no ar
ar que sempre foi minha residência
árvores, telhados, prédios altos, mezanino
no amor, em cenários lindos
mas acho que pouco desci pra ver
o que acontecia aqui embaixo
quando parava pra descansar as asas
(finas, bom, médio finas e longas)

as coisas não estavam muito bonitas
dei de ombros e me fui embora
o parapeito de um prédio me deixou agoniado
não sou pombo
talvez seja uma borboleta
nascendo e morrendo e nascendo e morrendo
sem muito tempo pra assimilar
que porra é essa que tá acontecendo.

será se

tem dias que a gente
se pergunta sobre metades
sobre estar nessa
imensidão de terra
nessa realidade
nesse agora
se a gente segue com cachorro
e gato
dando amor pro todo
pra pedra papagaio
tatu manjericão
ou se aparece
um boyzinho que não seja
o fim do mundo
pra um novo começo
sem ser muito cuzão
sem ter um ego maior
que a torre da babilônia
só querendo ser dois
será se.

poesia para melhores amigos

algumas paredes guardam sonhos
outras, sofrimentos calados
gritos de ajuda
que nunca são ouvidos
pois não foram alto o suficiente
pra poder voar pelo teto.

medo de falar
medo de sentir
medo de ser, agir
as paredes talvez falem:
das estrelas
do amor
da poesia
quero que minhas paredes
contem belas histórias
e abram janelas
para serem puladas.

posso ou não estar entediado

sentindo falta do sol
fome
mofo
tédio
te
dio

mof
o
bolor
tesão guardado
tédio ou tesão?
ambos.

lembranças de são paulo

botando luz no banheiro
fazendo festa em casa
dançante comigo mesmo
indo a vários lugares na minha cabeça
jessiquinha é sagitariana
quando gira é fogo
e vermelhou
fogo às vezes corre solto
outras vezes ilumina uma oração
fico chapada pensando na dualidade
polaridades
rio, bebo, fumo e nada faz sentido
fico doidinho nessa cidade
apaga a luz
desliga a antena.

sufoco

dias corridos
corres corridos

corridos correndo
correndo corridor
corri corri corri
cheguei
agora é descansar
em meus braços.

◆ ◆ ◆

às vezes o melhor é entrar no rio e não ficar olhando ele

ficar
partir
enraizar
cortar
amar
perder
trocar
buscando algo que eu não sei o que é,
acabei vivendo.

◆ ◆ ◆

sempre voltamos ao todo

hoje me falaram no sonho
de novo
às vezes me pergunto
se não há outro meio de comunicação
uma psicografia, uma entidade batendo na minha porta
"com licença você possui um tempinho?"
enfim, agradeço pelo menos
e a mensagem foi:

"todos os rios sempre voltarão ao mar,
é sua escolha e responsabilidade
pegar o mais tranquilo
ou o mais turbulento".
uai
eu to é fora do rio, olhando de longe
esse mundo irritado
esse dia lindo
esse encontro de rios
no fim todo mundo morre
não é?

quinto dia, talvez

segue chovendo lá fora
e aqui dentro aquela vontade
de deixar tudo pra trás
pra lavar com a chuva
o que a lágrima, seca,
não conseguiu.

um prato diferente

hoje fiz um prato
meio macarronada
meio moqueca
igual pizza meio a meio
só que tudo junto
botei farofa

e dei o lindo nome
de macarro*neca*
uma delícia vegana.

◆ ◆ ◆

coração de andarilho

no telhado, o mesmo gato amarelo de sempre
que acabou de chegar para os seus momentos de deleite
na mesa um prato de mingau de aveia, cacau e água
ficou horrível
no bolso, quarenta centavos
usei o resto pra comprar comida pra mim e pra gata
uma luz baixa, uma nuvem de mosquitos
computador fazendo aniversário de cinco anos
com habilidades adquiridas ao longo do tempo
como abrir espacate.

hoje busquei meus amigos mais queridos
pra chorar minhas canções sem melodia
que falam sobre como não me acho em nenhum lugar
como queria pegar a estrada
e não precisar trabalhar pra ninguém.

certa pessoa me disse pra trabalhar na empolgação
e o que faço eu se minha empolgação tá no não ficar?
se meu coração não achou solo fértil
igual o morango, que tá custando a brotar.

◆ ◆ ◆

um amor em cinco dias

me perdi
entre margaridas, jasmins
e um caminho
sem querer já estávamos em órbita
eu na sua
você na minha
tempo passa rápido
ou devagar
e girando, se aproximando
se cheirando
as duas estrelas se colidiram
no sol da tarde
em reflexos cor de mel
foi-se o sol, veio a lua
sorrindo toda e me disse:
salve o palhaço,
salve o amor
salve são jorge
salve arte
arte salva.

definitivamente linda

chuva pra lavar a porta e a sujeira escondida
sombra iluminada pela luz
luz, aquela que gera sombra
lavou, secou
"the sun will come out"
e lava lava lava
nas veias da mãe terra
no coração do brasil

molhada
pelada
despida camada a camada
tudo cresce
tudo levanta
tudo floresce
ô água
ô fogo quinhentos graus
que incendeia minhas células
evapora a água
que apaga o fogo
e a gente?
uma poeirinha na dança dos elementos
do yin e do yang
entre dia e noite
chuva e sol
bebendo, fumando
se apaixonando
tentando entender essa porra
simples e complexa,
mas linda.

algo vai acontecer

só não sei o que é
tenho conversado com borboletas
cachoeiras, pedras, gato, cachorro
mais sensitivo, menos instintivo
se bem que deve ser bom preservar nosso lado animal
sei lá.

a sobrevivência não importa mais

quando se sabe que vai voltar.

a perda do medo da morte
a pedra do pedro do petro é tetra.

a mudança de frequência
deve estar em algum dicionário cerebral
definido como "doença dos loucos"
adicionado a pseudociências
drogados, desajeitados, desajustados
eu diria sensíveis, talvez
todos sentindo e
quando paro pra sentir ao meu redor eu sinto dor.

contemos o todo
o todo nos contém
e quem que tira essa preocupação?
que atualiza esse holograma?
imagino que eu mesmo
mas por hora o todo está triste, preocupado
aguardando algo acontecer
só não sei o que.

definições de macho

se eu pudesse talvez
ressignificar a palavra *macho*:
"homens que dão o cu,
sentem prazer
e não se envergonham".
cuspir no chão,
coçar o saco

e querer ser dominante
tudo muito animal
pra caber no novo macho.

o gênero já não é mais primitivo
o velho vai partir
o novo vai tomar e,
às vezes, me pergunto:
como a polaridade vai se desdobrar e
o que que o bicho homem vai fazer
quando descobrir que tem em si os dois?
talvez migrar pra outro planeta,
bancar o conquistador
não é isso que macho atual faz?
mijar nas coisas, conquistar território
e oprimir tudo o que lhe é desconhecido
(igual o gato amarelo).

◆ ◆ ◆

a kira tá diferente

eu sinto ela vindo aos poucos
encostando que nem entidade
girando como se fosse leticia spiller
cantando mantras
como se fosse o próprio ser encantado da floresta
que desce às vezes no vilarejo pra dançar
rir e se divertir
a floresta é calma
o som dos rios é lindimais,
mas é na cidade,
nas cantatas e nos cortejos
que a gente vê, ela e eu

como é que se diverte o bicho humano
aí quando solta, nem eu sou mais eu
nem ela é mais ela
nem entidade é mais entidade
a salada cósmica se manifesta
e o cenário tá montado
por vezes calada,
jessiquinha desce flutuando
voando pelas paredes,
cantando os mais diversos sons
música tão diversa assim só existe aqui
nesse planeta
e dançamos, dançamos, dançamos.

fala do caboclo

direto ao ponto
festa de oxóssi
pensar menos
confiar mais
acreditar no coração
deixar o passado no passado
fechar o ouvido pro que não faz sentido
"se encarnado soubesse o que tá falando
era guia e não encarnado".
tenho ouvido muitas pessoas cruéis
e pensado e pensado e pensado
queria gritar xiu pra minha cabeça
mas ela não tem me ouvido muito esses dias
a poluição sonora interna inclui
grito de crianças
gemidas de turistas

e pessoas que não sabem agradecer
só reclamar
reclamar
reclamar
vai dar tudo certo,
paciência.

◆ ◆ ◆

romeu, julieta e eu

ela, já tinha bebido dois copos, dado um pra mim, fumado um
cigarro
ele, olhando o fogão:
"quinoa precisa mexer?"
sei não, eu só não mexo sopa, o resto acho que é bom
amor, olha aqui, tem um mosquito no copo de vinho
bebe uai
é, proteína
não vô beber não, vou comprar outro
se você não beber eu bebo
eu também
será, olha aqui, ele deu um mergulho, afogou
vou beber não
se não beber tem quem bebe
eu também bebo
pensa que em algum lugar inseto no vinho deve ser tradição
é amor, é só uma mosquinha
hum...
silêncio
se você bebe, eu bebo
viveram os dois.
eu também.

aiiii que princeso mágico

fim de ciclo
vomite
dance
lamba
cheire
aaaaaa
sol lua poeira
cada cu com sua Aline
kundaline
entendeu?

o dia da caixa d'água

estávamos fora do tempo
disso eu tenho certeza
pois nada parecia caber muito
no aqui, no lá
no antes ou no depois
mas existíamos
às vezes eu me questiono
se eu faço essas coisas de besta
ou de muito interessado
o sol se pôs
veio chuva
vento
tempestade
e voa cabelo pra lá

e voa tempestade pra cá
em meus pés, uma sinfonia de sons de água
que em qualquer outra circunstância teria me assustado
na minha cabeça, uma nuvem preta de tempestade
que em qualquer outro lugar teria me matado
o raio pode não ter vindo do céu
mas a eletricidade nos consumia.

se eu sei o que aconteceu?
se eu sei falar sobre?
se eu sei entender algo?
eu não sei é de nada.
garota, eu virei bicho.

◆ ◆ ◆

eu e godofredo num presente despercebido

uma lua cheia pra nascer
mudança de casa é sempre um processo
chato, doloroso, emotivo
pra mim
todas as suas raízes
removidas e transplantadas
a vulnerabilidade do processo
de se enxergar como próprio lar
reavaliar a sua trajetória
pra trás e pra frente
o presente muitas vezes passa despercebido
e o coração chora, chora e chora
mente e coração em diferentes sintonias
mudando de vaso,
buscando um solo adubado e fresco
pra viver feliz,

um girassol precisa de sol constante
a samambaia de sombra e unidade
sigo testando a terra
pra saber mudinha de que que eu sou.

só pra me procurar

ontem botei um tênis
e fui me procurar
achei que assim andaria mais
percorreria distâncias se necessário
botei um brinco bonito
aquele meio furtacor
e fui me procurar
me vi passando rapidinho
entre as danças e farrapos
mas não deu tempo de dar um oi
saí pra conversar com os bichos
e fui me procurar
talvez aqui nesse céu estrelado
talvez aqui com esses cristais
será que levo uma lanterna?
uma mochila, com biscoitos
levaria umas flores, mas elas mofaram
ah, passei aquela sombra verde, linda
que na verdade é pancake
meia arrastão, misteriosa
e fui me procurar
talvez aqui nessa lua crescente
nessa cachoeira
nesses textos intermináveis
eu acho.

9 798610 477657